gained By some Grand Duke or oth - er.

Ah, 'twas not to be; Harsh ne - ces - si - ty

Brought me to this gild - ed cage.

Born to high - er things, Here I droop my wings, Ah!

Sing - ing of a sor - row _____ no - thing can as -

suage. And yet, of course, I rath - er like to

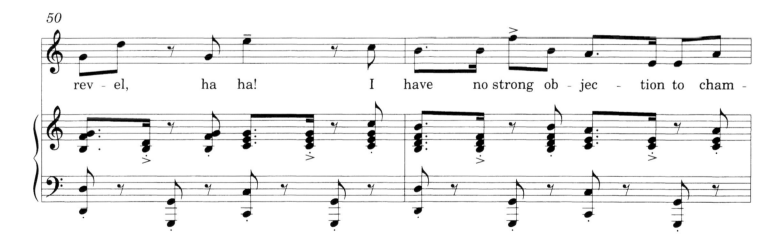

rev - el, ha ha! I have no strong ob - jec - tion to cham -

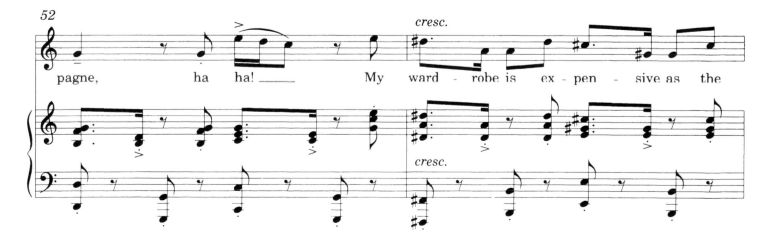

pagne, ha ha! _____ My ward - robe is ex - pen - sive as the

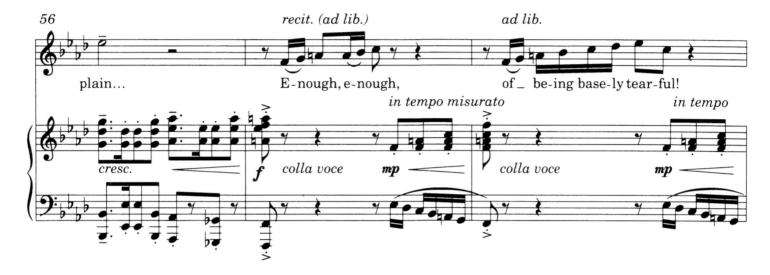

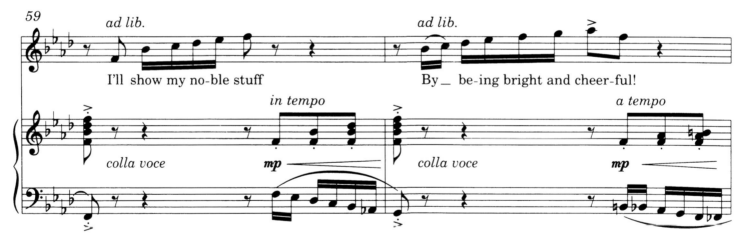

(she begins to remove her jewelry and hand it over to the Old Lady)

Ha ha ha ha ha ha! Ha ha ha ha ha ha ha ha! Ha ha ha ha ha ha!

Ha ha ha ha ha ha ha ha! Ha ha ha ha ha ha! Ha ha ha ha ha ha ha

ha! Ha ha ha ha ha ha! Ha ha ha ha ha ha! Ha ha ha ha

ha ha ha ha ha ha! Ha ha ha ha ha ha ha

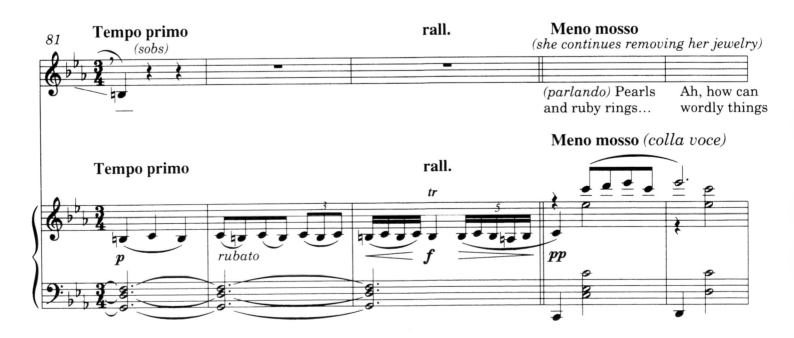

86

Take the place of Honor lost?   Can they compensate For my fallen state,   Purchased as they were

91

at such an awful cost?   Bracelets…lavallieres…   Can they dry my tears?   Can they blind

95

my eyes to shame? Can the brightest brooch Shield me from reproach? Can the purest diamond purify my

99 **Allegro molto, come prima**

name?   And yet,   of course, these trin - kets are en - dear-ing,   ha ha!   I'm

Allegro molto, come prima

oh,   so glad   my   sap - phire is   a   star,   ha   ha! _____   I

rath - er like   a   twen - ty car - at   ear - ring,   ha ha!   If

I'm   not pure, at least   my jew - els   are!   E - nough, e - nough!

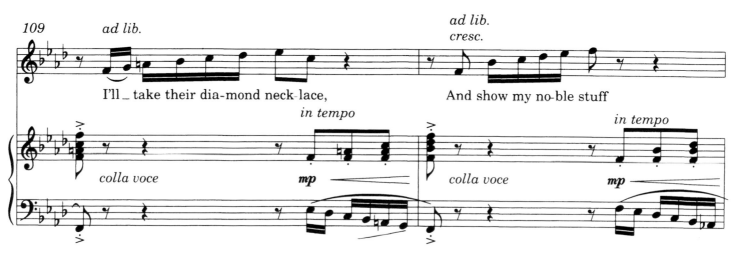

I'll _ take their dia-mond neck-lace,   And show my no-ble stuff

By __ be-ing gay and reck-less! Ha ha ha ha ha!

Ha! _____ (the jewelry gone, she begins

Ha ha ha ha ha ha!

(to undress)

Ha ha ha ha ha __ ha ha ha! Ha ha ha ha ha ha! Ha ha ha ha ha __ ha ha ha!

Ha ha ha ha ha ha! Ha ha ha ha ha __ ha ha ha! Ha ha ha ha ha

Un poco più mosso

ha! Ha ha ha ha ha ha! Ha ha ha ha ha ha ha ha ha ha!

Ha ha ha ha ha ha ha Ha! Ob-serve how brave-ly I con-

ceal The dread-ful, drea-(hea)d-ful shame I feel. Ha ha ha ha! Ha ha ha ha! Ha

ha ha ha! Ha ha ha ha! Ha ha ha ha! Ha ha ha ha! Ha ha ha

ha! Ha ha ha

* Downbeat may be omitted in soprano.